TIME FOR KIDS

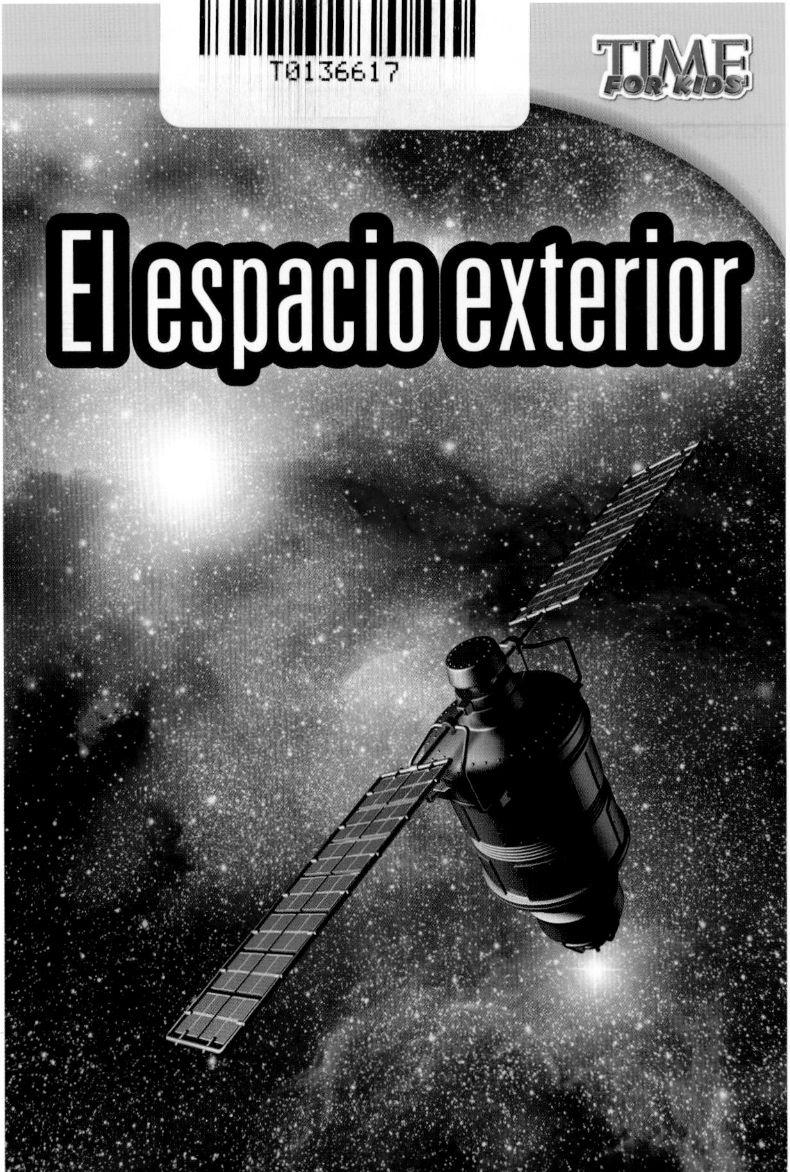

El espacio exterior

Kenneth Walsh

Asesor

Timothy Rasinski, Ph.D.
Kent State University

Créditos

Dona Herweck Rice, *Gerente de redacción*
Robin Erickson, *Directora de diseño y producción*
Lee Aucoin, *Directora creativa*
Conni Medina, M.A.Ed., *Directora editorial*
Ericka Paz, *Editora asistente*
Stephanie Reid, *Editora de fotos*
Rachelle Cracchiolo, M.S.Ed., *Editora comercial*

Teacher Created Materials

5301 Oceanus Drive
Huntington Beach, CA 92649-1030
http://www.tcmpub.com

ISBN 978-1-4333-4453-4

© 2012 Teacher Created Materials, Inc.

Printed in Malaysia. THU001.48806

Tabla de contenido

Brilla, brilla

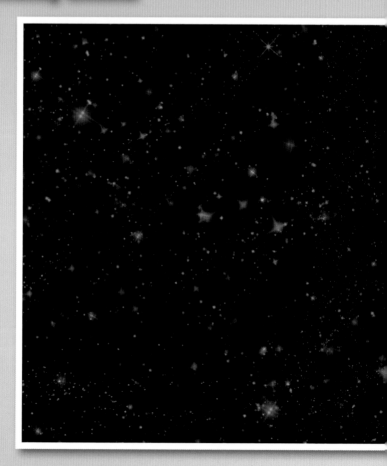

Brilla, brilla, estrellita. ¿Me pregunto dónde estás?

El espacio exterior

Si eres una **estrella**, estás en algún lugar del **espacio exterior**. ¿Qué es el espacio exterior? ¿Es todo lo que hay en el cielo?

Nuestro universo

La palabra **universo** designa todo lo que hay en el espacio, incluso la Tierra.

Sí, el espacio exterior es la enorme región que contiene todo lo que hay más allá de la Tierra, desde la partícula más pequeña hasta la **galaxia** más grande.

El espacio exterior es gigantesco. Es tan grande que no ha terminado de crecer. No podemos llegar al final del espacio porque el espacio sigue expandiéndose.

¡Imagina que nunca dejaras de crecer!

Astrónomos

Los científicos que observan y estudian el espacio exterior y todo lo que hay en él, se llaman **astrónomos**.

Al pensar en el espacio exterior, por lo general nos referimos a todo lo que hay en el cielo y más allá. Pensamos en galaxias, estrellas y **cometas**. Pensamos en los **planetas** y el Sol. Todos estos objetos forman parte del espacio exterior.

Galaxias

Las galaxias están formadas por grupos de estrellas, gas y polvo, que se mantienen unidos por la **gravedad**.

Hay miles de millones de galaxias en el espacio exterior. La Tierra es parte de la galaxia **Vía Láctea**.

Vía Láctea

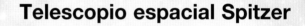

Telescopio espacial Spitzer

¿Cómo observamos el espacio exterior? Una forma es por medio de poderosos telescopios, como el telescopio espacial Spitzer. El telescopio Spitzer es un satélite en órbita en el espacio que toma fotografías y nos las envía. Aquí está una de las fotografías que tomó el Spitzer.

Millones y millardos

Un **millón** es 1,000,000. Un **millardo** es mil millones, o 1,000,000,000. Hay millones de estrellas en unas galaxias y millardos de estrellas en otras. Hay más de 100 millardos de estrellas en la Vía Láctea. ¡Tardaríamos 3,000 años en contarlas!

Tierra

Sol

La Vía Láctea

Por qué se llama Vía Láctea? Los riegos de la antigüedad decían que arecía un camino de leche. De hecho, a palabra *galaxia* viene de *gala*, la alabra griega que significa leche.

La Vía Láctea parece un gigantesco molinete azul con un centro amarillo. Las estrellas más viejas están en el centro y las más jóvenes en los brazos del molinete. Nuestro Sol y el planeta Tierra están allí.

La Vía Láctea gira como un molinete. Todas las estrellas giran alrededor del centro.

Estrellas

El espacio exterior está lleno de estrellas, y se forman estrellas nuevas constantemente.

Las estrellas son enormes esferas de gas que emiten luz y calor. Las estrellas jóvenes son de color azul brillante. Las estrellas más viejas son amarillas, anaranjadas y rojas. Cambian lentamente con el paso del tiempo. ¡Pueden vivir durante miles de millones de años!

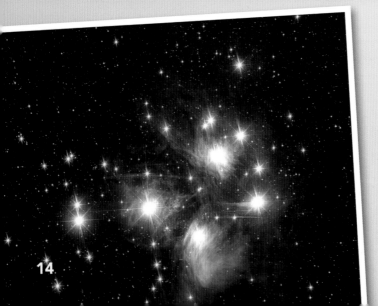

agujero negro

Agujeros negros

Cuando la gravedad hace que una estrella muy grande se colapse, lo llamamos agujero negro. Los agujeros negros tienen mucha fuerza de gravedad. Todo lo que esté cerca será atraído al agujero negro y nunca podrá escapar. Ni siquiera la luz puede escaparse.

Parece que las estrellas están muy juntas en el espacio, pero no es así. El espacio entre ellas es tan grande que la luz tarda 100,000 años nada más para cruzar nuestra galaxia, la Vía Láctea. Hay mucho espacio para cada estrella.

Próxima Centauri: 25 millardos de millas

Wolf 359: 46 millardos de millas

Alpha Centauri: 26 millardos de millas

Barnard's Star: 35 millardos de millas

Sol

Tierra

Distancias de estrellas

Nuestro Sol es la estrella más cercana a la Tierra. Está a 93 millones de millas. En esta figura se muestran las estrellas más cercanas a la Tierra.

El Sol

¿Sabías que nuestro sol es una brillante estrella amarilla? Nos da luz y calor.

El Sol gira por la Vía Láctea junto con muchas otras estrellas. ¡Se desplaza 140 millas por segundo! ¿Sabes lo rápido que es esto? Los automóviles más rápidos sólo pueden avanzar un pedacito de una milla por segundo.

Más rápido que una bala

¡Nuestro Sol se mueve 300 veces más rápido que una bala! La Tierra gira a gran velocidad alrededor del Sol, pero nosotros no lo sentimos. Es como viajar en un automóvil muy veloz. Aunque el automóvil avanza con rapidez, en el interior parece que no hay movimiento.

Asteroides, cometas y meteoros

cometa

asteroides

Los **asteroides** son rocas de forma irregular o montones de grava. Orbitan el Sol como los planetas.

En el cinturón de asteroides, entre Marte y Júpiter, hay millones de asteroides en órbita. Otros orbitan más cerca de la Tierra. En ocasiones chocan con ella.

Una órbita es un movimiento circular alrededor de un objeto.

cinturón de asteroides

Tierra

Júpiter

Marte

Los cometas parecen brillantes esferas con largas colas. Están formados de gases congelados y polvo. Cuando un cometa se acerca al Sol, las capas exteriores se convierten en una cola de vapor.

¡La cola de un cometa mide millones de millas de largo!

Vapor

Vapor es la forma gaseosa de algo, a diferencia de su estado líquido o sólido. El calor puede convertir algo en vapor.

Los **meteoros** son piedras que caen a la Tierra desde el espacio. En la mayoría de los casos son pedazos de cometas o asteroides. Casi siempre se queman al llegar a la Tierra. Si llegan hasta la superficie, los llamamos **meteoritos**.

¿Lo sabías?

Hace 2,500 años, un griego llamado Anaxágoras encontró una roca que creía que había venido del cielo y no de la Tierra. Fue la primera persona en descubrir eso.

Planetas

Los planetas son grandes objetos en el espacio que orbitan una estrella. No tienen luz propia, sino que la reciben de la estrella.

Otros planetas

En 1991, los astrónomos vieron por primera vez planetas que orbitan estrellas distintas de nuestro Sol. Usaron telescopios especiales para verlos.

Plutón
Neptuno
Urano
Saturno
Júpiter
Marte
Tierra
Venus
Mercurio

¿Es Plutón un planeta?

Algunos astrónomos opinan que Plutón no es un planeta. Ha sido reclasificado como un planeta enano.

La Tierra es uno de los ocho planetas en órbita alrededor de nuestro Sol. Pero, hay más planetas en el espacio exterior. Están demasiado lejos para que podamos visitarlos ahora. No sabemos tanto acerca de ellos como lo que podríamos saber si los visitáramos.

Los seres humanos y el espacio exterior

Los seres humanos han cambiado el espacio, pues han enviado objetos. Hemos puesto en órbita **satélites** y estaciones espaciales. Hemos lanzado cohetes a la Luna.

Los satélites son objetos en el espacio que orbitan otros objetos más grandes.

Incluso hemos enviado sondas a las profundidades del espacio para fotografiar todo lo que encuentran.

Hace mucho, la gente nunca imaginó viajar al espacio, pero ahora podemos. ¡Quién sabe que tan lejos vayamos en el futuro!

Glosario

asteroide—una roca de forma irregular que orbita el sol

astrónomo—un científico que observa y estudia el espacio exterior y todo lo que hay en él

cometa—una bola de gas y polvo congelados, con una larga cola de vapor, que se mueve por el espacio

espacio exterior—la enorme región que contiene todo lo que hay más allá de la Tierra, desde la más pequeña partícula hasta la más grande galaxia

estrella—una enorme esfera de gas, luz y calor

galaxia—grupos de estrellas, gas y polvo, que se mantienen unidos por la gravedad

gravedad—la fuerza natural que atrae un objeto a otro

meteorito—un meteoro que golpea la Tierra

meteoro—una piedra que cae a la Tierra desde el espacio

millardo—1,000,000,000

millón—1,000,000

planeta—un objeto grande en el espacio que orbita una estrella

satélite—un objeto en el espacio que orbita otro objeto más grande

universo—todo lo que hay en el espacio

Vía Láctea—galaxia donde está la Tierra